国家出版基金项目
NATIONAL PUBLICATION FOUNDATION

记住乡愁
——留给孩子们的中国民俗文化

刘魁立◎主编

传统节日辑（一）

本辑主编 刘晓峰

端午节

杨 秀◎编著

黑龙江少年儿童出版社

编委会

序

亲爱的小读者们，身为中国人，你们了解中华民族的民俗文化吗？如果有所了解的话，你们又了解多少呢？

或许，你们认为熟知那些过去的事情是大人们的事，我们小孩儿不容易弄懂，也没必要弄懂那些事情。

其实，传统民俗文化的内涵极为丰富，它既不神秘也不深奥，与每个人的关系十分密切，它随时随地围绕在我们身边，贯穿于整个人生的每一天。

中华民族有很多传统节日，每逢节日都有一些传统民俗文化活动，比如端午节吃粽子，听大人们讲屈原为国为民愤投汨罗江的故事；八月中秋望着圆圆的明月，遐想嫦娥奔月、吴刚伐桂的传说，等等。

我国是一个统一的多民族国家，有56个民族，每个民族都有丰富多彩的文化和风俗习惯，这些不同民族的民俗文化共同构筑了中国民俗文化。或许你们听说过藏族长篇史诗《格萨尔王传》

中格萨尔王的英雄气概、蒙古族智慧的化身——巴拉根仓的机智与诙谐、维吾尔族世界闻名的智者——阿凡提的睿智与幽默、壮族歌仙刘三姐的聪慧机敏与歌如泉涌……如果这些你们都有所了解，那就说明你们已经走进了中华民族传统民俗文化的王国。

你们也许看过京剧、木偶戏、皮影戏，看过踩高跷、耍龙灯，欣赏过威风锣鼓，这些都是我们中华民族为世界贡献的艺术珍品。你们或许也欣赏过中国古琴演奏，那是中华文化中的瑰宝。1977年9月5日美国发射的"旅行者1号"探测器上所载的向外太空传达人类声音的金光盘上面，就录制了我国古琴大师管平湖演奏的中国古琴名曲——《流水》。

北京天安门东西两侧设有太庙和社稷坛，那是旧时皇帝举行仪式祭祀祖先和祭祀谷神及土地的地方。另外，在北京城的南北东西四个方位建有天坛、地坛、日坛和月坛，这些地方曾经是皇帝率领百官祭拜天、地、日、月的神圣场所。这些仪式活动说明，我们中国人自古就认为自己是自然的组成部分，因而崇信自然、融入自然，与自然和谐相处。

如今民间仍保存的奉祀关公和妈祖的习俗，则体现了中国人崇尚仁义礼智信、进行自我道德教育的意愿，表达了祈望平安顺达和扶危救困的诉求。

小读者们，你们养过蚕宝宝吗？原产于中国的蚕，真称得上伟大的小生物。蚕宝宝的一生从芝麻粒儿大小的蚕卵算起，中间经历蚁蚕、蚕宝宝、结茧吐丝等过程，到破茧成蛾结束，总共四十余天，却能为我们贡献约一千米长的蚕丝。我国历史悠久的养蚕、丝绸织绣技术自西汉"丝绸之路"诞生那天起就成为东方文明的传播者和象征，为促进人类文明的发展做出了不可磨灭的贡献！

小读者们，你们到过烧造瓷器的窑口，见过工匠师傅们拉坯、上釉、烧窑吗？中国是瓷器的故乡，我们的陶瓷技艺同样为人类文明的发展做出了巨大贡献！中国的英文国名"China"，就是由英文"china"（瓷器）一词转义而来的。

中国的历法、二十四节气、珠算、中医知识体系，都是中华民族传统文化宝库中的珍品。

让我们深感骄傲的中国传统民俗文化博大精深、丰富多彩，课本中的内容是难以囊括的。每向这个领域多迈进一步，你们对历史的认知、对人生的感悟、对生活的热爱与奋斗就会更进一分。

作为中国人，无论你身在何处，那与生俱来的充满民族文化DNA的血液将伴随你的一生，乡音难改，乡情难忘，乡愁恒久。这是你的根，这是你的魂，这种民族文化的传统体现在你身上，是你身份的标识，也是我们作为中国人彼此认同的依据，它作为一种凝聚的力量，把我们整个中华民族大家庭紧紧地联系在一起。

《记住乡愁——留给孩子们的中国民俗文化》丛书，为小读者们全面介绍了传统民俗文化的丰富内容：包括民间史诗传说故事、传统民间节日、民间信仰、礼仪习俗、民间游戏、中国古代建筑技艺、民间手工艺……

各辑的主编、各册的作者，都是相关领域的专家。他们以适合儿童的文笔，选配大量图片，简约精当地介绍每一个专题，希望小读者们读来兴趣盎然、收获颇丰。

在你们阅读的过程中，也许你们的长辈会向你们说起他们曾经的往事，讲讲他们的"乡愁"。那时，你们也许会觉得生活充满了意趣。希望这套丛书能使你们更加珍爱中国的传统民俗文化，让你们为生为中国人而自豪，长大后为中华民族的伟大复兴做出自己的贡献！

亲爱的小读者们，祝你们健康快乐！

二〇一七年十二月

目 录

端午印象

| 端午印象 |

粽子香，香厨房；
艾叶香，香满堂；
桃枝插在大门上，
出门一望麦儿黄。
这儿端阳，那儿端阳，
处处端阳，处处吉祥！

每到端午前后，这首歌谣就会频繁出现，广泛流传，唤起人们记忆中那一丝丝、一缕缕的粽子香，传递"处处吉祥"的美意。那么你都吃过什么馅料的粽子？你更喜欢哪种口味？你留心过粽子的形状吗？粽叶用的是芦苇叶还是竹叶？你吃的粽子是买来的还是家人包的？你尝试过自己动手包粽子吗？当你看到端午节门上挂着艾

| 【清】董棨　嘉兴端午图 |

3

草、菖蒲时，你问过爸爸、妈妈"为什么"吗？他们是给你解释了，还是直接说："我也不知道为什么，你爷爷、奶奶、姥姥、姥爷都是这么做的，这是老一辈人传下来的习俗。"如果爸爸、妈妈没有给你解释清楚，那我们就一起来了解一下有关端午节的那些事。

端午节在农历五月初五这一天，它是中华民族古老的传统节日之一。端午也称端阳，此外，它还有端节、端五、重五、五月节、夏节、女儿节、浴兰节等多种称呼。过端午节，是中国人两千多年来的传统习惯，由于地域广大，民族众多，于是不仅产生了许多相异的节名，而且各地也有不尽相同的习俗。但总体上说，各地人民过节的习俗还是同多于异的。其中，吃粽子和挂艾叶等做法是分布较广泛的习俗。

除了吃粽子和挂艾叶等传统习俗外，我们还能从古代流传下来的一些文字资料中了解到不同地域的各种风俗习惯。清末民初北京地区广为流传的《百本张岔曲》里《端阳节》的唱词中提道："五月端阳街前卖神符，女儿节令把雄黄酒沽，樱桃桑葚，粽子五毒，一朵朵似火榴花开瑞树。一枝枝艾叶菖蒲悬门户，孩子们头上写个王老虎，姑娘们鬓边斜簪五色绫蝠。"这里提到了端午节吃樱桃、桑葚等时令水果，还有粽子和印有五毒图案的五毒饼，门悬艾叶、菖蒲，室内挂"神符"，额头写"王老虎"和戴各种形状的"绫

| 香包 |

蝠"香包等做法。

端午习俗还有一个重要内容是赛龙舟，赛龙舟以南方为盛。清代浙江诗人朱麟应在《续鸳鸯湖棹歌》中写道："熙春桥外水如天，五日争看竞渡船。蒲酒快斟人半醉，钗头艾虎一丝悬。"其中"五日争看竞渡船"一句说的便是端午节人们争相观看龙舟竞渡的习俗。

从节俗食品到特殊服饰，再到门户悬艾叶、菖蒲、神符，争看龙舟竞渡，这些端午习俗从表面上来看，满是热闹喜庆，充满了情趣，但若究其源，这种喜庆却有另一番沉郁色彩——重在避开端午节乃至整个农历五月的诸般"毒"与"恶"。民间素有"毒五月""恶五月"的说法。这些毒与恶的由来，与自然时序密切相关，因为农历五月正是阳气盛极而衰、阴气渐升的转换之际，逢此时，阴阳气流交锋搅动，各种蛇虫活跃，暑毒盛行。所以，端午节的种种习俗主要就是为了避免这些"毒"与"恶"给人们造成的危害。

在民间传说中，民众又充分发挥想象，创造出大量情节生动的故事依附于民俗活动中，以消解"毒"与"恶"

带来的紧张，尽显节日的"温情"，比如纪念屈原、伍子胥等传说。屈原是战国时期楚国的三闾大夫，著名的浪漫主义诗人。他忧国忧民，多次进谏不被接纳，还屡遭排挤。他眼见国运衰微却无能为力，最终在五月初五，满怀愤懑与绝望，自投汨罗江。屈原投江后，当地百姓闻讯马上划船捞救，却始终不见其踪影。其间，有位渔

夫向江中丢入鸡蛋、饭团等食物，说是只要鱼龙虾蟹吃饱了，就不会伤害屈大夫了。人们见状纷纷效仿。之后，在每年的五月初五，就有了吃粽子、龙舟竞渡的习俗，以此来纪念爱国诗人屈原。

江苏、浙江一带端午节以纪念伍子胥为主。伍子胥生活的年代比屈原要早，他原本是春秋时期楚国人，为避祸逃至吴国，成为吴王阖闾的重臣，屡建功绩。后来他辅佐吴王夫差，在吴越征战中，越王勾践被俘，他多次劝谏夫差杀了勾践以绝后患，夫差非但不听，反而轻信陷害伍子胥的谗言，逼迫伍子胥自尽。伍子胥临死前叮嘱门客，让门客把他的眼睛挖出来，挂在东城门上，他要亲眼看着吴国灭亡。吴

|【明】陈洪绶《屈子行吟图》|

王夫差听说此事，恼羞成怒，就派人将伍子胥的尸体用皮革裹上，弃于江中。这天正是五月初五。因伍子胥的尸骨被抛入江中，所以吴越地方的人们奉伍子胥为涛神，在每年的端午节划龙舟来祭祀他。直到近现代，端午节祭祀屈原之风占据主导地位之后，江浙一代仍有祭祀伍子胥者。

端午节与春节、清明节、中秋节并称为中国民间的四大传统节日。2006 年，端午节被列入首批国家级非物质文化遗产名录。自 2008 年起，端午节成为国家法定节假日，假期 1 天。2009 年，端午节成功入选《人类非物质文化遗产代表作名录》，这是我国首个入选世界非物质文化遗产的节日。

吃在端午

吃在端午

提起过年过节，让我们印象深刻的恐怕离不开各种吃。俗话说："人是铁，饭是钢，一顿不吃饿得慌。"这说的是素日里人们对食物的依赖。不同地域、不同文化传承下的人们会有自己的饮食文化特点，表现在节日食品上，也是各有特色。哪怕是都叫粽子，其所用食材和制作方法等方面也会有所不同。与此同时，节日食品通常还具有饱腹之外的文化象征意义，比如元宵节吃汤圆、中秋节吃月饼，都寄予了人们求团圆的美好愿景。这种文化象征意义的构建，无疑要借助民间信仰观念做后盾支撑。由此看来，节日里人们对食品的重视与讲究，不单单在其本身，而是更看重其背后的文化象征意义。

所以，我们在享受丰盛的节日大餐时，最好了解一下这些食品在一些特定时期，借由民间传说等文学手法被勾连出的特殊意义。

接下来，我们就来简单了解一些端午节的传统节令食俗。

一、端午粽

先来看一看下面这首主要在江浙地区流传的《十二月风俗歌》：

正月踢毽子，

| 包粽子 |

二月放鹞子，

三月清明做圆子，

四月养蚕采茧子，

五月端午裹粽子，

六月买把花扇子，

七月吃莲子，

八月剥瓜子，

九月造房子，

十月对帖子，

十一月借顶花轿子，

十二月里讨个花娘子。

这首风俗歌将一年当中每个月突出的民俗事象纳入进来，从吃到玩，再到生产、建房、婚娶等习俗都有涉及，其中的"五月端午裹粽子"便是端午习俗之一。

端午节吃粽子的习俗历史悠久，隋代杜台卿曾在他的《玉烛宝典》中引用了晋代周处的《风土记》中有关农历五月初五食粽子的记载。在《风土记》中载："以菰叶裹黏米，杂以粟，以淳浓灰汁煮之，令熟……裹黏米，一名粽，一名角黍，盖取阴阳尚相包裹，未分散之象也。"这段引文里所说的粽、角黍用的材料是菰叶、黏米和粟米。菰叶即茭白的叶子；黏米为糯稻米；粟米为小米，又名谷子；浓灰汁就是把农家烧火做饭的草木灰放到水里浸泡出的汁。灰汁里含碱，煮出的粽子口感更顺滑，这种煮粽子的方法几十年前在民间还很常见。可以说，这是在物质资源相对匮乏的条件下我们的祖先发明的智慧料理。后来，随着人们生活水平的提高，做粽子的食材逐渐丰富，粽子的风味也多样化起来。上面引文的最后一句"盖取阴阳尚相包裹，未分散之象也"，说的就是端午时节正值阴阳二气相交锋、未分散之时，粽子"菰叶裹黏米"的形象正与此时序对应。这是从顺应自然时序角度来解释端午节吃粽子的习俗的。

关于端午节吃粽子，还有很多与之相关的情节生动的传说，比如前面提到的纪念屈原。每年的农历五月初五楚国人都要往江里投饭团祭奠屈原。当人们后来得知

饭团都被蛟龙窃食后，就改用楝树叶包上米，外面再缠上彩色线，做成粽子。蛟龙不敢触碰楝树叶和彩色线，屈原才得以享用粽子祭品。这种将端午粽与屈原建立关联的人文传说，显然是后世的追加附会，后人用这样的故事情节来表达纪念屈原的美好心愿。不同地域会有自己相应的传说。江浙一带还将粽子的由来与伍子胥联系起来。民众借助民间传说将本地现有的习俗与历史上的知名人物或事件等勾连起来，能在一定程度上提升本地习俗由来已久的历史感和正当性，从而增强自豪感与文化自信。

当然，我国幅员辽阔，民族众多，端午粽的地方特色也很明显。北方多用黍

| 黍米、糯米红枣粽 |

| 糯米豆沙粽 |

| 鲜肉粽 |

米，配以红枣、豆沙等为馅料；南方则多用糯稻，制作成枣粽、赤豆粽、肉粽和火腿粽等。在一些地方，粽子既是端午节的节令食品，也是清明节等其他节日，甚至人生仪礼中的特殊用品。时至今日，随着人们消费水平的提高，加之物流和存储等条件的改善，人们宅在家中，就可以吃到南北东西各具风味的粽子。甚至还可以全家齐动手，筹办一顿有自家味道的端午粽，可自享，也可馈赠亲朋。这样的体验，传递出来的无疑是浓浓的节日味道。

二、五毒饼、打糕、麦粑和薄饼

端午节的食品除了端午粽，北方一些地区还要吃五毒饼。这里的"五毒"指的是五种毒虫，即蝎子、蜈蚣、蟾蜍、壁虎和蛇。单从字面上理解，五毒饼就是有五种毒虫的饼。当然，饼中是不会有毒虫的，只是在饼的表面印上毒虫的样子而已。端午时节，正是这些毒虫滋生活跃的时候，据说吃五毒饼，可以从"形式上"消灭它们，达到强身健体的心理慰藉作用。五毒饼大多在店铺售卖，很少有自家加工的，饼内一般置有枣泥、豆沙等多种馅料。每逢端午时节，将它买来馈赠给亲朋好友，绝对是上好的节日食品。

朝鲜族人还有端午节吃打糕的习俗。其传统做法是，先把蒸熟的糯米饭放到木槽里，然后放入艾蒿；再由两个壮汉各执一木槌，你一下我一下有节奏地捶打，捶打间隙还要有一人不断翻动糯米饭，以便均匀受力。制作打糕不仅是力气活，还需要娴熟的技术和默契合作。人们很多时候是拿几家的食材和人力合起来做，做好了再分食。这一合一分的环节，体现了乡邻之间的互助和谐。捶打糯米时，除了亲力亲为的大人参与劳动，自然少不了馋嘴孩童的围观等待。这样的热闹场面是传统节日在相对慢节奏的生活中带给人们的恬适享受。近些年，手工制作的打糕越来越少，市面上见到的打糕多

| 五毒饼 |

| 制作打糕 |

| 做麦粑（萧放提供） |

是用机器磨成米粉再蒸制而成。做糕的程序不一样了，糕的口感也与旧时不同。最重要的是，往日手工制作打糕时大家相围协力的氛围也消失了，而这氛围恰恰是人们常说的节日的味道。如今，手工制作打糕的场景偶尔在习俗表演或者商业营销等场合才能见到。

湖北、安徽有些地方端午节不吃粽子，而是吃一种叫桐叶麦粑的食品。临近端午时，正是当地小麦收获的时节。等到了端午，家家就用新熟的麦子磨成粉，再加入发酵粉（早期没有发酵粉时会留有"老面"或加长发酵时间）和糖等，然后加入适量的水，将其揉成松软的面团，待其发酵好了，揪下一个个鸡蛋大小的面团，然后将其揉成圆形或长条形，再放到新鲜的桐树叶上蒸熟。最后，一家老小就可以享用桐叶麦粑了。在乡村，街里街坊的比邻而居，通常是谁家的先做好了，就拿出几个送给邻居尝尝鲜。民间俗信，如果谁家端午做麦粑的面团发酵充分，麦粑做得好，就意味着今后的日子发达兴旺。端午吃麦粑体现了节日食品顺应时令的特点——小麦新熟，正是庆祝丰收尝新的好时候。

薄饼是浙江温州等一些地区的端午食品。薄饼的主要材料是面粉。在平底锅上摊上用水调和好的面糊，双面翻烙，待饼烙好出锅后，再卷上新炒的绿豆芽、韭菜，或肉丝、海鲜等菜品，卷成圆筒状，也叫"卷饼"。卷

| 薄饼 |

饼的"内容"也是结合本地土产，卷出不同风味。

三、五黄

在江南地区还有端午节当天中午吃"五黄"的习俗。不同地区的五黄具体所指略有不同，通常指黄鱼、黄鳝、黄瓜、咸鸭蛋和雄黄酒等（也有将黄豆芽和豆干纳入五黄当中）。五黄只是作为一个

| 五黄 |

传承下来的固定说法，真正吃起来，不一定正好是五种，或多或少都有可能，有的甚至已经多年不吃了，比如雄黄酒，但还位列其中。

五黄之一黄鱼。"五月五，买个黄鱼过端午"，这是江南人很熟悉的端午吃黄鱼的习俗。端午前后，黄鱼正肥，是鲜美的时令海鲜。此时令美味不仅只有江南人独家享用，其他地区也有端午吃黄鱼的习俗，比如老北京人甚至有"当裤子，买黄鱼"的夸张说法，足见端午吃黄鱼的坚定执着。这除了与黄鱼的肥美有关，更离不开以此"黄"避端午的"毒"这一深层信仰支撑。

五黄之二黄鳝。黄鳝也是端午时节正肥，民间素有"端午黄鳝赛人参"的说

| 处理黄鳝、黄鱼、灰鸭蛋 |

法，吃它有大补功效。数年前，江南水乡的河浜水沟里都有野生的黄鳝，不用费多少工夫便能抓来，三四十岁以上的人很多都能饶有兴趣地说起当年抓黄鳝的经历，这样的端午节体验是现如今从市场上买黄鳝的行为所不能比拟的。

五黄之三咸鸭蛋。鸭蛋进入五黄行列靠的是内在的蛋黄。根据腌制方法的不同，有黄泥蛋，还有灰鸭蛋。黄泥蛋是用盐水和黄泥，一个个裹在鸭蛋外面腌制。灰鸭蛋则是把稻草灰放到盐水里

和匀，再把鸭蛋浸入腌制，约一个月后食用，口感微咸且鲜。

五黄之四黄瓜。黄瓜是五黄当中唯一的蔬菜类，端午期间也正清脆鲜嫩。据老人讲，早期的黄瓜颜色偏黄，没有现在这么青绿，虽然如

| 黄瓜 |

今的黄瓜多是绿色，但其名仍叫黄瓜，是一个以其名进入五黄的一员。

五黄之五雄黄酒。雄黄酒由少许雄黄放到白酒里兑制而成。与其他四黄可以敞开了吃不同，雄黄酒不能大口喝，只是象征性地尝一点。民间俗信，端午喝雄黄酒，在接下来的暑热天气里，蛇虫等不敢近身，能保持身体健康。如果你看过《白蛇传》，就应该记得，许仙听从法海老和尚的话，让白娘子在端午节饮雄黄酒，结果白娘子酒后现了原形。这里借用的正是人们在端午节饮雄黄酒

| 雄黄酒 |

| 【清】董棨 清明（上）和端午（下）写生图 |

以避蛇虫的习俗。但是，因为雄黄含有对人体有毒的砷等成分，不适合直接食用，近几十年来人们都不再饮用雄黄酒，因此这"一黄"只是作为人们记忆中的端午食俗而存在。

四、十二红

比五黄数量更多的是端午节的午饭"十二红"。这一习俗主要在江苏一带流行。江苏籍作家汪曾祺曾在散文《端午的鸭蛋》中写道：

还有一个风俗，是端午节的午饭要吃"十二红"，就是十二道红颜色的菜。十二红里我只记得有炒红苋菜、油爆虾、咸鸭蛋，其余的都记不清，数不出了。也许十二红只是一个名目，不一定真凑足十二样。不过午饭的菜都是红的，这一点是我没有记错的，而且，苋菜、虾、鸭蛋，一定是有的。这三样，在我的家乡，都不贵，多数人家是吃得起的。

端午节，我们那里的孩子兴挂"鸭蛋络子"。头一天，就由姑姑或姐姐用彩色丝线打好了络子。端午一早，鸭蛋煮熟了，由孩子自己去挑一个，鸭蛋有什么可挑的呢？有！一要挑淡青壳的。鸭蛋壳有白的和淡青的两种。二要挑形状好看的。别说鸭蛋都是一样的，细看却不同。有的样子蠢，有的秀气。挑好了，装在络子里，挂在大襟的纽扣上。这有什么好看呢？然而它是孩子心爱的饰物。鸭蛋络子挂了多半天，什么时候孩子一高兴，就把络子里的鸭蛋掏出来，

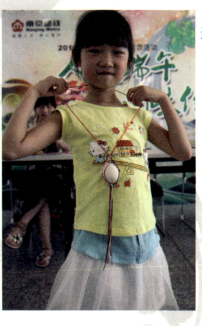

| 端午节佩戴鸭蛋络子 |

吃了。端午的鸭蛋，新腌不久，只有一点淡淡的咸味，白嘴吃也可以。

孩子吃鸭蛋是很小心的，除了敲去空头，不把蛋壳碰破。蛋黄蛋白吃光了，用清水把鸭蛋壳里面洗净，晚上捉了萤火虫来，装在蛋壳里，空头的地方糊一层薄罗。萤火虫在鸭蛋壳里一闪一闪地亮，好看极了！

21

这是汪曾祺记忆中的家乡的端午，他提到了家乡的"十二红"，尤其对端午的鸭蛋情有独钟，这除了与他的家乡江苏高邮出产的鸭蛋确实好吃有关，还应该与"鸭蛋络子"这种饰物的独特性和蛋壳的好玩密不可分。小孩子总有烂漫的童真和好奇的心性来感受生活的美好，而在成年人看来，"鸭蛋有什么可挑的呢！"挂个鸭蛋络子，"这有什么好看呢？"但在孩子们的眼里，这可都是头等大事，直接关乎节日里的心情美丽与否。想想看，三五成群的小伙伴们聚在一块儿，每人都有自己心爱的饰物，美够了，再小心翼翼地吃掉，尽量保持蛋壳的完整，最后把蛋壳做成工艺品把玩嬉闹。童年时期有过这样的端午体验，该是多么珍贵的一份人生礼物啊！待岁月流逝，遥想起当初那份童心，谁不会嘴角上扬、喜从心生呢！

所谓的端午十二红，一是取食物本身的红色；二是取烹饪上的红烧之色。除了作家汪曾祺提到的苋菜、虾和鸭蛋之外，通常还有炒猪肝、炒鳝丝、香肠、花萝卜、熏鱼、红烧黄鱼、红烧猪蹄、红烧牛肉和红烧鸡块等。吃起来不一定正好十二样，或多或少都可能。

吃五黄也好，十二红也罢，都有一个重要的时间节点，即端午节的午饭，以正午午时为要。前面说过，民间认为农历五月初五这天是"毒气"最盛的一天，而午时又是一天中毒气最盛的时

端午十二红

辰。在这个关键点上，吃这些或黄或红的东西可以最大功效地避毒。早年间，民间没有钟表等计时工具，主要看日影定时间。后面提到的一些端午习俗也都强调要在午时进行。

在五黄和十二红中，鸭蛋都赫然在列。我国很多地方的端午食品中都有鸭蛋、鸡蛋或鹅蛋等。不同地域吃法有别。有煮了直接吃的；也有把蛋染成红色，用彩色络子等装饰一番后给小孩子佩挂在身上的；还有的顽童会互相顶蛋，看谁的蛋壳先破，一番比试之后，过足了玩儿瘾，再食用。

说起吃蛋，浙江地区还有两种比较特别的吃法，俗称"蜘蛛煨蛋""癞蛤蟆煨蛋"，都是小孩子的专属食品。人们一般在端午这天的大清早外出捉来蜘蛛，然后磕破蛋有气孔的一端，把蜘蛛放进去，再封上口。早年间，要把蛋放到火盆里用慢火煨熟，便是"蜘蛛煨蛋"。把嵌有蜘蛛的蛋放到去了皮、并清理掉内脏的癞蛤蟆肚中煨熟，就是"癞蛤蟆煨蛋"。如今，电饭煲、微波炉等新式电器纷纷派上用场，为了防止蜘蛛蛋受高温爆裂，外面可用锡纸包裹。但不管是蒸熟还是烤熟，人们习惯上还是说"煨"蛋。煨好的蛋，吃前要把蜘蛛挑出去。民间俗信，小孩子吃了这样的蜘蛛煨蛋和癞蛤蟆煨蛋，就不会在接下来的暑热天气里长痘，不生疖疮等，还可以避蛇虫等"毒"。我国很多地区还有"癞蛤蟆躲不过五月五"的俗语，说的就是在端午这天捉来癞蛤蟆，可作药用。

五、时令水果

中国传统的节日食品，除了要丰盛，要有美好的寓意外，还讲究顺应时序，应时当令。所以，端午节还要食用一些时令水果，比如刚好成熟的桑葚、樱桃之类。民间有句俗话："樱桃桑葚，货卖当时。"这句话除了说果品正当时日的新鲜好吃外，还有强身健体、避虫近身的功效。民间谚语说："端午吃个桑（果），夏日不害疮。"

很多地方还有端午吃杏的习俗，并流传有"端午吃个杏，到老没有病"的说法。因所处地域和杏树种类的不同，东北大部分地区的杏儿在端午时节还处于"青杏"阶段，远没成熟，如果你咬一口这样酸涩的青杏，就会被酸得一个激灵。辽宁地区有端午早晨起来先吃个杏的习俗，因"杏"与兴旺的"兴"谐音，俗信，端午吃个杏儿，会"兴兴"，即不苦夏，全年精力充沛。不知道你们吃过青杏没有，吃过的势必还记得那一瞬间的酸爽，没吃过的也不妨找机会体验一下。当然，最好能在端午节吃上，用被酸出来的这一激灵换来全年满格的精气神儿！

这里只是简单地列举了

| 桑葚 |

| 樱桃 |

| 杏儿 |

端午节的部分食品，菖蒲酒等节令饮品没有单独介绍。更多种类的端午节的"吃"还等着大家自己去发掘、补充，亲历的、听闻的都好，欢迎大家积极动员家人、朋友，在各种美味中体验美妙的端午食文化，共享情谊。

饰小儿女

| 饰小儿女 |

俗话说："穿衣戴帽，各有所好。"这主要强调的是日常生活中人们着装方面的个性化特点，只属于便装范畴。通常情况下，服饰的主要功能在于实用和美观。除此之外，在一些特定场合，服饰还有标示身份、地位，以及信仰层面上的避祟求吉等功效。学习过鲁迅的《孔乙己》的同学，应该对这句话印象深刻："孔乙己是站着喝酒而穿长衫的唯一的人。"文中交代，咸亨酒店的顾客大抵分为两类：一类是柜外站着喝酒的短衣帮，另一类是隔壁房间里坐着喝酒穿长衫的。短衣和长衫成为不同群体的身份标志，界限分明：短衣帮只能站着，穿长衫的可以坐着。只有落魄书生孔乙己是唯一的例外，他有短衣帮的站相，却穿着本该属于座客的长衫。"站着"体现了孔乙己的实际经济状况，"长衫"可以说是他的梦想身份。这两种互不相容的符号集中于孔乙己身上，使他游离于两个群体之外，成为不尴不尬的特殊另类。鲁迅借助服饰语言和身体语言成功塑造了孔乙己的形象与身份。

说到这里，同学们是不是又想起了让你们又爱又恨的校服了呢？还有军训期间宽大的迷彩服？关于同学们对校服、军训服的爱恨情仇，留着你们自己讨论去吧，我这里要说的是端午节的儿童特殊服饰，如题目所说的"饰小儿女"。请想一想你小时候在端午节时身上都佩戴过什么特殊装饰呢？

前面介绍端午节的"吃"时，我一再提示食物在果腹之外的象征意义，现在讲到服饰时也一样，端午节饰小儿女的目的也是看重服饰被赋予的象征意义，借之保佑尚未成年的儿童远离"毒"日子的诸般邪祟，使之健康成长。身强力壮的成年人基本上不用这些特殊穿戴，个别体弱的老人和妇女偶有戴些佩饰的，古代即有妇女头戴石榴花和用艾草做成的艾人、艾虎等节日避祟饰品。

|甘肃庆阳香包艾虎|

清代富察敦崇在《燕京岁时记》中有记载："每至端阳，闺阁中之巧者，用绫罗制成小虎及粽子、壶卢、樱桃、桑葚之类，以彩线穿之，悬于钗头，或系于小儿之背。古诗云：'玉燕钗头艾虎轻'，即此意也。"此文说的是当时心灵手巧的女子，用绫罗缝制成各种有吉祥寓意的端午饰物，或自己戴在头上作

头饰，或给小孩子系在身上。如今成年女子几乎不再有这种佩饰了。所以，端午节穿戴方面的习俗，可以用"饰小儿女"来大体概括。接下来，我们一起来看看具体有哪些服饰及佩饰。

一、五毒衣

五毒衣指的是有手绣或印绘"五毒"图案的衣服。前面讲端午食俗"五毒饼"时提到的"五毒"，是将蝎子、蜈蚣、蟾蜍、壁虎和蛇五种"毒物"的形状印在糕饼上。早期的五毒衣上的图案多是由孩子的奶奶或姥姥等长辈一针一线绣出来的，而近几十年以来，市场上售卖印有五毒图案的布匹甚至做好的成衣渐多。这些布匹和成衣多在端午前夕集中上市，人们不管是买来布匹自行剪裁缝制，还是直接穿买来的成衣都很方便，老一辈人手拿针线仔细缝绣的场景几乎不见了。五毒衣的布料基本上都是棉布，其底色为橙黄色，上面配有不同颜色的五毒图案。五毒衣主要有上衣和裤子。此外，还有五毒肚兜，肚兜多为红色，上面留有刺绣图案。除了五毒衣，还有老虎衣，即不印五毒图案，

| 手工刺绣五毒童裤 |

| 五毒肚兜 |

| 五毒衣 |

| 五毒裤 |

点的孩子穿戴，寄以希望借助信仰的力量帮助这些幼小的生命渡过难关。

二、虎头帽、虎头鞋

见字知义，虎头帽、虎头鞋就是把虎头的形象做在帽子和鞋上。老虎被认为是兽中之王，它在民间信仰中一直具有震慑邪祟的作用。民间给小孩子穿戴虎头帽、虎头鞋的做法，就是希望看上去虎头虎脑的"虎娃"能够借虎的威力避开邪祟近身，健康成长。

虎头帽的形状大致有两种，一种是能兜盖头部的相对完整的帽子，另一种则是露头顶的环形帽圈。前一种帽子上方缀有老虎的眼睛、胡须等，能护住孩子的头部，可以切实地防风保暖。而后

而是印有老虎图案的小孩儿衣服。五毒衣、老虎衣主要是长辈给只有几岁的偏小一

一种帽圈则是环绕额头上窄窄的一圈，在额头部位多出一张老虎脸的模样，这样的帽圈主要是保护小孩子尤其是婴幼儿还没长结实的脑门儿。这些虎头帽上除了做出老虎的头脸模样外，还有一个明显标志就是画上或者绣上兽中之王的"王"字。

| 虎头帽 |

虎头鞋一直是手工缝制，人们在鞋前尖儿上或是绣上老虎头的模样，或是绣上"王"字，鞋底儿基本上以纳底儿的为主。人们做虎头鞋时，通常要先在布上描出老虎的眉毛、眼睛、鼻子和嘴巴，然后再根据描好的样子，选择颜色与其相配的丝线来绣制。

穿上五毒衣或老虎衣，戴上虎头帽，蹬上虎头鞋，再加上一些端午佩饰，一个

| 虎头鞋 |

可爱的虎虎生威的嫩娃娃就变得威猛起来了，就在信仰层面上百毒不侵了。

三、香包、五色线等佩饰

香包又称香囊、香袋、荷包等，各地还有更具地方

| 庆阳香包 |

| 五毒香包 |

子"。香包多是在绸缎布料上刺绣花纹，内用棉絮等蓬松物撑起，再填充苍术、白芷、朱砂、雄黄、熏草、艾叶、茶叶和香草等芳香物，有的地方甚至放粮豆等物。人们放这些东西的目的主要是防蛇虫近身、避邪祟。端午节的香包形状多样，有直接做成"五毒"、老虎和狮子等动物形状的；也有做成菱角、桃子和辣椒等植物形状的；还有主体呈长方形或圆形，然后在上面绣制如上同类图案的。它们大多有一个圆鼓鼓的"腹部"，是香包"香"之所在，其顶端用线绳抽紧，留出余头，方便系挂在孩童的前胸、后背、肩上及腕上等处。

特色的方言俗称，比如甘肃庆阳民间称端午节的香包为"绌绌"（音译）、"耍活

香包的绣制是巧手女子的"耍活"，既要承载传统

文化赋予的美好寓意，又得做啥像啥，不失生动精致。这是一项具有悠久传统的技术与习俗，其中，"庆阳香包绣制"已经成为国家级非物质文化遗产名录代表性项目。

浙江桐乡人有在端午日给小孩"挂菱"和戴赤豆的习俗。人们常说的"端午日荡只菱"，所荡的"菱"便是菱形香包。讲究一点的人家会去寺庙里"求"来，随意一些的可在街头购买。人们取"菱"与"灵""玲"等的谐音，寄望小孩子有灵气、玲珑。民间有"菱瑞"一说，是既好看又避邪的意思，为的是讨个好口彩。在20世纪50年代以前，民间有端午日给小孩子戴赤豆的习俗。端午当日，人们选出

| 菱形香包 |

均匀饱满的赤豆七颗，然后用红线把赤豆串成一串，顶部留出一段线头，底部用丝线做个穗穗，将它系在三四岁以下的小孩子的衣服扣子上，这样可以防蛇虫和邪祟近身。

江浙一带还有端午日给小孩子戴历本袋的习俗。历本袋也叫通书袋，历本、通书是民间广泛使用的一种农家历书。其主要介绍二十四节气与农时农事的关系、农家日常生活的一些常识。它配有十二个月历，还附带十二生肖的人在当年的运程、命理等信息，在历本

的最后一页通常还印有十二生肖图。做历本袋时，要把这一张印有十二生肖图的纸放进袋中，因而得名"历本袋"。没有历本的人家会从日历本上选一页写有"今日大吉""黄道吉日"之类字样的纸来代替。历本袋形状各异，有正方形、八角形、老虎等造型，长度一般10厘米以内，小巧精致。其上的图案有松鹤、牡丹等花卉，

历本袋

还有武松、吕洞宾等人物造型。早期人们做历本袋多用绸布，先在剪好大致图样的两片布上描出花卉或人物等图案，再用丝线绣好，然后把两片布缝合起一部分，把填充物放进去，再将小桃枝或桃树叶、几粒大米和几片干茶叶等东西用历本纸包好，放到袋子里，最后把布片全部缝好，历本袋就初步成形了。人们往往在其顶部固定一根彩色线绳，便于系挂。如果再在边角加些装饰，缀几条不同颜色的流苏（也叫穗穗），外观上更好看些。民间俗信，装有历本、桃树叶、大米和茶叶等物的历本袋可以避邪。最近一二十年，人们选择做历本袋的材料除了用绸布，还会用一些皮革制品的边角料和塑料珠片

| 新式历本袋 |

| 五色线 |

等。历本袋还会跟金银等金属佩饰组合出现。人们多选用黄色皮革做小老虎，其上镶以珠片，再用彩线与金属挂饰相连，整个佩饰看起来光洁漂亮。近些年，随着人们消费水平的提高，有的人家在端午节直接买来金银制的老虎等挂件给孩子佩戴。

端午节系五色线的习俗由来已久，早在东汉应劭的《风俗通·佚文》有记载："午日，以五彩丝系臂，避鬼及兵，令人不病瘟，一名长命缕，一名辟兵绍。"五色线又称长命缕、续命缕、辟兵绍、五色缕等，主要由红黄青白黑五种颜色的线扭编而成。在具体编制过程中，并不严格局限于五色，或多或少均可。民间俗信，小孩子的手腕、脚腕或脖颈上系上漂亮的五色线就能百病不侵。

那么五色线要戴到什么时候摘下呢？不同地方各有讲究。陕西地区的人们将其戴到农历六月初六这一天，而后把它剪下扔到河里，让河水冲走，寓意着流水带走百病，有明显的送灾意味。苏北地区是戴到农历七月初七，即七夕节才把它剪下来，然后丢到屋檐上（当地有传说，如果将五色线丢到屋檐上，喜鹊会把这些五色线衔走，为牛郎织女的相会搭桥之用）。辽南地区则不限具体日期，只是要在端午节后下的第一场雨时将其扔到河中或水洼里，意即扔掉疾病。

贵州苗族地区在端午节时不用五色线，而是把一种叫"绷跌"（音译）的植物

|小笤帚挂饰|

根切成薄片，穿连成索系在孩童颈腕上，以避蛇防病。东北地区有一些人用红布、棉絮做成"小辣椒"，然后再把这些"小辣椒"穿成手镯戴在孩子的手腕上，以"辣"驱赶蛇虫。还有一些人用彩色线缠系成小笤帚等给孩子戴在身上，借以扫除不祥。

四、雄黄酒涂额

雄黄酒虽早已退出端午食品行列，但它仍出现在端午节其他习俗中，比如江南民间有用雄黄酒在小孩子额头写"王"字的做法。因为"王"是老虎的标志符号，所以人们认为，只要头上有了这个符号，小孩子就有了虎威。画完额头，再在耳朵、鼻子、手臂和肚脐等处也涂一点儿雄黄酒，据说，这样就可以避开蛇虫百脚（即蜈蚣）等近身伤害。

丨丰子恺漫画《老虎头》（杨子耘提供）丨

五、端午洗浴

前面说的都是如何在小孩子身上穿戴端午节的传统服饰和佩饰，人们在做这种"加法"的同时，还有"减法"仪式，即给小孩子洗浴，洗掉不洁以强健身体。汉代的《大戴礼》记载："午日以兰汤沐浴。"说的就是端午

丨人们用艾叶等物熬制洗澡水丨

节用有香味的佩兰（当时的兰不是现在的兰花，而是菊科的佩兰，有香气，可煎水沐浴）煮水以沐浴，雅称"沐兰汤"。它在一定程度上相当于今天的药浴保健。如今，全国各地有各式各样的端午浴，有些还不局限于小孩子，男女老少都可参与，但总体而言，仍以小孩子为多。全国各地用得最多的"药浴配方"是用艾叶煮水洗头或洗澡。还有的地方除了用艾叶，还要加菖蒲根等多种植物。也有的地方用煮粽子的水洗头洗澡。在二三十年以前，江浙地区还有在端午节这天中午，在温水中加些煮猪肠子的水，避开外人，在桃树荫下给婴幼儿洗澡的习俗。据解释，煮猪肠的水含有油脂，孩子的皮肤会因之光滑，一夏天都不生痱子或患其他皮肤病。把小孩子洗得干干净净，"减去"不洁之后，再给"加上"虎头鞋、虎头帽、老虎衣及各种佩饰，涂上雄黄酒，把孩子打扮得光鲜可爱的同时，又使整个端午充满了节日味道。也有人因有这样的洗浴仪式而将端午节称之为"卫生节"，这种说法虽有一些道理，但又不只是"卫生"那么简单，因为这样的洗浴习俗中还含有一定的信仰成分，不同于日常普通的洁净。

洁净宅院

| 洁净宅院 |

前面介绍端午节"饰小儿女"部分时提到沐兰汤等洗浴习俗，这主要是针对个人身体健康而采取的卫生防范措施，与此同时，人们还不忘给日常起居的家宅内外也来一场彻底的卫生洁净运动。人们采取从门外封堵到屋内轰赶的双向结合方式，实现安居目标。这里所用的洁净手段依旧充满了文化象征意义，重在祛除信仰层面的邪祟污秽等。接下来，就对家宅居住方面的端午习俗作些简单介绍。

一、门上悬艾、菖蒲、桃树枝、"把门猴"等

民间有"清明插柳，端午插艾"的说法。可以说，艾是端午节被频繁用到的主角，前面说过用艾做艾人、用艾叶水洗浴等习俗。接下来，在洁净宅院部分艾依然要赫然出场。艾有艾草、艾

| 艾蒿 |

43

蒿、艾叶、艾蓬等多种称呼，是多年生草本或略成半灌木状的植物，植株有浓烈的香气，可以驱蚊虫。艾草全株都可入药，有温经、祛湿、散寒、消炎、止咳和抗过敏等作用。艾草的适应性很强，遍布我国大部分地区。端午节插艾的习俗在我国分布广泛，南北朝时期的《荆楚岁时记》中关于端午插艾有这样的记载："采艾以为人，悬门户上，以禳毒气。"此文是说采来长得更具人形或者编制成人形的艾草（这样的艾草又被称为"艾人"），挂到门上用来禳除毒气等。荆楚地区有端午节大清早即去采艾的习俗，当地人认为带着晨露的艾草，药效最好。

除了插艾草，门上挂菖蒲的习俗也分布较广。菖蒲

| 水生菖蒲 |

是多年生草本植物，叶片狭长，有"蒲剑"之称。菖蒲含有挥发性芳香油，根茎可做香料，也可入药，是提神通窍、杀虫灭菌的药物。菖蒲喜湿地，多生于沼泽地、溪流或水田边。它不像艾草那样几乎遍生全国。

|门上悬艾草、菖蒲、桃树枝|

端午日，很多地方都是将艾草和菖蒲捆扎成一束，挂在入户门上，诸般邪祟便不得门而入。民间也有贴挂"手执艾旗招百福，门悬蒲剑斩千邪"字样门联的，寓意以艾草为旗，以菖蒲为剑驱邪纳福。清代的《清嘉录》中记载："截蒲为剑，割蓬作鞭，副以桃梗蒜头，悬于床户，皆以却鬼。"这里仍以菖蒲为"剑"，艾草却以"鞭"名之。其中又多了桃梗和蒜头这两种可以"却鬼"

的植物。桃树可以避邪的观念在中国由来已久，像端午节这样被认为"毒"气很盛的时节，自然要用到桃树。前面介绍给小孩子做历本袋时，里面要放小桃枝；给小孩子洗澡时，要到桃树下。这些都是传统信仰观念下的民俗成规。民间把菖蒲视为剑、艾草视为鞭子或旗子、整棵的大蒜视为锤子，用这些"武器"来对付农历五月初五的"毒"当然胜券在握。

除了桃树枝，青海东部地区还有在门楣和屋檐上插白杨树枝的习俗，这样既能

|白杨树枝|

|把门猴|

祛邪祟，又能借其繁茂的枝叶象征家业兴旺。还有的地方会挂石榴等果实。

说完了端午期间门上所挂的植物类，我们再来看看，贴挂哪些手工艺品可以避邪。

首先来介绍一下东北部分地区流行的"把门猴"。

大约二三十年以前，把门猴多是由巧手的中老年女性手工缝制，多是用红色等彩色花布做外皮，内填棉絮而制成。成品做好后是个高约十几厘米的小猴子。精细一点的，猴子怀里还会抱着布做的桃子。人们往往将把门猴和艾蒿一同挂在门外。从字面理解，"把门猴"即把守门户的猴子，有看家护院、挡开邪祟的职能。过了端午日，人们也不对其另作处理，或待其褪色，或任由其飘落皆随之。若其第二年端午还在，人们就用新的接替换上。近些年，做手工针线活的人越来越少，家庭手工做的把门猴几乎不见，代之以市场、网店等处售卖的批量生产的新式把门猴。其形制稍大，色彩更美观，多以红色或橙色等亮色为主，配以金丝线、塑料亮片和珠子等装饰，呈屈膝蹲姿，怀抱一桃，模样颇可爱。

还有的人家挂纸质葫芦，此种葫芦多为红色。葫芦因与"福禄"谐音，被人们讨个口彩求吉，又因其腹大口小，被认为能装入五毒等污秽之物，所以成为节日里不折不扣的宝葫芦。也有

| 剪纸作品《葫芦镇五毒》 |

的人家是自己用剪刀要么剪出平面纸葫芦的图案，要么剪出一把剪刀剪毒虫的图案，然后将其贴在门上。

江浙一带曾经流行端午节门上挂符咒的习俗。大约在20世纪六七十年代以前，浙江嘉兴农村还有端午挂符习俗。通常，在端午节当天上午或提前三两天，道士们会把自己画好的"符"送给就近的村中人家。当地人将道士画符称为"撒符"。道士所撒的符是在一张黄纸上用毛笔蘸黑墨一笔画成的道家传统符记，除了天师、钟馗像，有的还画有魁星、大

| 剪纸作品《剪除五毒》 |

蒜头和桃枝等。每张符长约25厘米，宽十几厘米，也有的长约50厘米，宽约10厘米。接到符的人家可以赏钱，也可以回送几个用蚕茧做成的绵兜，还可以暂时收下，等秋收后再送回馈。挂符须在端午节的午时之前，把符贴挂在入户门的横梁门框中间，像门帘那样飘着，然后再把整棵大蒜、艾草等横挂在门框上。符的功能与艾草、大蒜等一样，都可以避邪，有了它们拦在门口，各种邪祟就不敢进门，就能保佑家人健康平安。

作家汪曾祺对家乡江苏高邮的端午贴符习俗有如下描述：

贴符。这符是城隍庙送来的。城隍庙的老道士还是我的寄名干爹，他每年端午节前就派小道士送符来，还有两把小纸扇。符送来了，就贴在堂屋的门楣上。一尺来长的黄色、蓝色的纸条，上面用朱笔画些莫名其妙的道道，这就能避邪么？

不同形制的符咒，拥有同样的避邪功能。曾经盛行的撒符、贴符的端午习俗，如今几乎不见了。

二、家中挂天师、钟馗像

人们在入户门上加挂重重防御设施还不够，还要在家中加强防范，比如悬挂镇宅老虎图、天师和钟馗像等以镇宅驱鬼。这一习俗多在城镇流行。清《燕京岁时记》载："每至端阳，市肆间用尺幅黄纸，盖以朱印，或绘画天师、钟馗之像，或绘画

|山东杨家埠年
画《镇宅神虎》|

五毒符咒之形，悬而售之。都人士竞相购买，粘之于中门，以辟祟恶。"天师即指道教创始人张道陵，民间素信其有除魔禳灾的本领（也有将钟馗奉为天师的）。

钟馗是民间传说中能打鬼驱邪的神。据说，钟馗本是唐代才华横溢、仪表堂堂的青年才俊。高祖武德年间，他在进京赶考的途中得罪了一群行为不端的和尚，那群和尚勾结了几个恶鬼，将钟馗祸害得丑陋无比。钟馗在科考中笔试成绩优异，但在面试时，高祖见他太丑，再加上奸臣的挑拨，就勾销了钟馗的头名状元，只给了个末名进士。性格刚烈的钟馗见皇上如此以貌取人，当即

撞死在殿中的柱子上。高祖
有些懊悔，但已经来不及了，
只好赐绿袍葬之。钟馗死后，
专捉各种厉鬼。后来，在开
元年间，唐玄宗病中梦见一
小鬼盗走他的玉笛和贵妃的
香囊，并见一蓬发虬髯的大
鬼奔进殿来，一伸手便抓住
那个小鬼，剜出小鬼的眼珠
一口吞了下去。唐玄宗吓坏
了，忙问是谁？大鬼向唐玄
宗施礼，自称是终南山钟馗，
并告知唐玄宗自己科考的遭
遇。唐玄宗醒后，病竟然痊
愈。而后他立即召集朝中著
名的画师，向其描述了梦中
钟馗的模样，画师据此，画
了幅《钟馗捉鬼图》，挂于
堂中。后来，《钟馗捉鬼图》
渐渐传入民间，每到端午节
的时候，人们就"请"出钟
馗，挂在中堂，由其消灭毒

| 天津杨柳青年画《钟馗》 |

| 河南朱仙镇年画《钟馗》 |

日子里的各种鬼魅。

三、打蚊烟、喷洒雄黄酒等驱蚊虫仪式

民间还有各种端午日熏蚊虫的做法。人们通常要用到新采来的艾草，配以苍术、白芷等药材，再加些半干半湿的草一起，在房间里点燃，以浓烟驱除蚊虫等。

浙江桐乡地区在二三十年前"打蚊烟"（也有叫打闷烟的）习俗还流传较广。打蚊烟须在正午时，据说这一时辰祛毒效果最好。先要关闭好门窗，讲究一点的人家还要先把用于打蚊烟的盆

| 打蚊烟用的铜脚炉 |

或炉放到房屋的正梁底下熏。有些老人还会在旁边用扇子或箬帽边扇边说："今天是端午节，蚊子苍蝇往外飞。如果你们要来，等过了重阳节。"人们先是通过这样"煽风点火"的方式驱赶走苍蝇蚊子，然后后面再补上假意的邀请：实在要来，就等重阳节再来吧！我们知道，待到农历九月初九的重阳节时，基本上已经是"霜降变了天"的寒冷时分，苍蝇蚊子哪里受得了这般天气，早就不见踪影了！人们这样不给生路的念念有词，让打蚊烟的仪式感增强了，心理预期的效果也随之见好。每一个房间都熏到后，再到猪圈、羊圈等禽畜棚舍熏一熏，也让它们过个洁净夏天。

著名文学家、艺术家丰子恺是桐乡人，他在《端阳忆旧》中回忆了自己小时候经历的端午习俗。摘录如下：

我的母亲呢，忙于"打蚊烟"和捉蜘蛛：向药店买一大包苍术白芷来，放在火炉里，教它发出香气，拿到每间房屋里去熏。同时，买许多鸡蛋来，在每个的顶上敲一个小洞，放进一只蜘蛛

| 丰子恺漫画《打蚊烟》（杨子耘提供） |

去，用纸把洞封好，把蛋放在打蚊烟的火炉里煨。煨熟了，打开蛋来，取去蜘蛛的尸体，把蛋给孩子们吃。到了正午，又把一包雄黄放在一大碗绍兴酒里，调匀了，叫祁官拿到每间屋的角落里去，用口来喷……

文中不仅描述了打蚊烟，还有蜘蛛煨蛋和喷洒雄黄酒习俗。试想一下，对于一个孩童而言，跟着大人打蚊烟忙活着，虽难免有烟熏火燎的一点小煎熬，但一想到马上就会有"秘制"鸡蛋可以吃，就算熏出眼泪来，心里也是甜的！我们从丰子恺如数家珍般的回忆中，不难体会他的童年乐趣。

江苏一些地区有用雄黄来熏毒虫的习俗。人们把雄黄放到一个容器里，然后

点上火，待其冒烟后，再将这个装有雄黄的容器放到床底下、柜子底下等虫子容易藏身的隐蔽处，除虫祛毒。近年来，随着人们居住环境的改善和卫生习惯的养成，家宅内外不再有大量蚊虫滋生，加之蚊香等驱蚊用品的普及，端午打蚊烟等习俗如今基本消失了。

端午日在房间里喷洒雄黄酒以驱虫的习俗曾经盛行，如今也很难见到了。关于这些基本消失的习俗，孩子们也只能听妈妈讲那过去的事情了：那时候，生活条件差，蚊虫多……如果你边听边琢磨的话，很容易便会感悟到：那种种做法，体现的何尝不是彼时彼地人们的生存智慧呢！

竞技游艺及其他习俗

竞技游艺及其他习俗

本文在介绍各种习俗时，不断提起五月是恶月，农历五月初五是恶日。其恶的根源，是由所处时节的特点造成的。从自然气候上看，农历五月酷热将至，蚊蝇之类肆虐，传染病也趋于流行，威胁人们的健康，故而此月被视为"恶月"。端午处于五月之初，自然也被视为"恶日"。此时，人们能明显感受到生活的不适，便采取相生相克等诸多手段应对，抑阳助阴。从饮食到衣着，从个体洗浴到宅院的洁净，无不出于这样的考虑与努力。这些习俗主要是一家一户相对安静的防御行为，与此对应，更有场面较为宏大热闹的集体竞技活动，比如南方的赛龙舟、北方的射柳等习俗。

一、赛龙舟

端午节的游艺竞技习俗中，知名度最高的当属赛龙舟。赛龙舟以南方为盛，不同地方有不同的说法，比如划龙船、摇快船、扒龙舟等。端午赛龙舟最初是为了禳灾保健，其中，湖北孝感地区就有"不打龙船人多疫病"的说法，人们希望借助打龙船、赛龙舟运动，祛除不吉，强健体魄。后来，赛龙舟便逐渐与一些传说结合起来。

南朝时期，人们将纪念屈原纳入到端午习俗中，很多地方也将赛龙舟说成是源于纪念屈原。江浙地区则有纪念伍子胥和越王勾践的说法。人们之所以将赛龙舟习俗与越王勾践联系到一起，主要是因为越王勾践为报仇雪恨，消灭吴国，用赛龙舟的方式训练水军。这些附会出来的传说，让赛龙舟习俗多了一抹生动的人文色彩。

如今，端午节龙舟竞渡已成为许多地区群众性的集会活动，虽然其最初的祭祀、去秽内涵依旧存在，但竞技、娱乐色彩明显增强。

先来看看湘西作家沈从文在其《端午日》中描述的湘西茶峒古镇（现已更名为"边城镇"）赛龙船的盛况。

端午日，当地妇女、小孩子，莫不穿了新衣，额角上用雄黄蘸酒画了个王字。任何人家到了这天必可以吃鱼吃肉。大约上午11点钟左右，全茶峒人就吃了午饭。把饭吃过后，在城里住家的，莫不倒锁了门，全家出城到河边看划船。河街有熟人的，可到河街吊脚楼门口边看，不然就站在税关门口与各个码头上看。河中龙船以长潭某处作起点，税关前作终点，作比赛竞争。因为这一天军官、税官以及当地有身份的

| 浙江平湖龙舟竞渡（张玉观摄于1989年）|

人，莫不在税关前看热闹。划船的事各人在数天以前就早有了准备，分组分帮，各自选出了若干身体结实、手脚伶俐的小伙子，在潭中练习进退。船只的形式，与平常木船大不相同，形体一律又长又狭，两头高高翘起，船身绘着朱红颜色长线，平常时节多搁在河边干燥洞穴里，要用它时，拖下水去。每只船可坐十二个到十八个桨手，一个带头的，一个鼓手，一个锣手。桨手每人持一支短桨，随了鼓声缓促为节拍，把船向前划去。坐在船头上，头上缠裹着红布包头，手上拿两支小令旗，左右挥动，指挥船只的进退。擂鼓打锣的，多坐在船只的中部，船一划动便即刻嘭嘭铛铛把锣鼓很单纯的敲打起来，为划桨水手调理下桨节拍。一船快慢既不得不靠鼓

59

声，故每当两船竞赛到剧烈时，鼓声如雷鸣，加上两岸人呐喊助威，便使人想起梁红玉老鹳河时水战擂鼓的种种情形。凡是把船划到前面一点的，必可在税关前领赏，一匹红布，一块小银牌，不拘缠挂到船上某一个人头上去，都显出这一船合作努力的光荣。好事的军人，当每次某一只船胜利时，必在水边放些表示胜利庆祝的500响鞭炮。

赛船过后，城中的戍军长官，为了与民同乐，增加这个节日的愉快起见，便派士兵把30只绿头长颈大雄鸭，颈脖上缚了红布条子，放入河中，尽善于泅水的军民人等，自由下水追赶鸭子。不拘谁把鸭子捉到，谁就成为这鸭子的主人。于是长潭换了新的花样，水面各处是鸭子，同时各处有追赶鸭子

| 激烈的抢鸭子大赛 |

的人。

　　船与船的竞赛，人与鸭子的竞赛，直到天晚方能完事。

　　这几百字的文字中信息量很大，且现场感极强。它基本上将湘西龙舟赛事作了比较周全的描述，比如，龙舟的状貌、平时的存放；赛龙舟的起点、终点及路线；划船人的挑选、训练及赛时分工；赛场盛况；不同身份的观众；赢家的奖赏，以及常与赛龙舟相伴而生的抢鸭子竞赛等习俗。它为我们提供了生动形象的赛龙舟场面。

　　在正式赛龙舟之前，人们要修补龙舟、进行划龙舟训练，诸如此类的准备活动要提前半个多月开始着手。在屈原的故里秭归，民间有

"宁荒一年田，不输一年船"的说法，足见人们对龙舟竞技的重视。秭归龙舟竞渡因为有纪念屈原的传统，竞赛开始前还有游江"招魂"仪式。在仪式上，人们呼唤"三闾大夫魂兮归来"，并向江中投粽子。等人们祭奠完毕后，方可竞渡。划龙船时，除了船上激越的锣鼓声、岸边观众如潮的叫好声之外，还常常伴有龙船歌。秭归的龙船歌多根据当地民歌号子融汇而成，歌声雄浑，节奏

| 广州扒龙船 |

优美。

广东等地多将赛龙舟称为"扒龙船"。当地有"扒龙船，赶水鬼"的俗信。早年间，水利设施落后，经常有水灾水患，人们认为这都是"水鬼"作祟，于是在农历五月初五举行扒龙船比赛，试图借此宏大的气势赶走"水鬼"，驱邪消灾，以求得平安。正式的龙舟竞赛多开始于农历五月初一或初五，但前期的准备活动很多。广东民间流行一句俗语："四月八，

龙船到处挖。"因为龙船平日不用时，为防止其干裂，多存放于河涌或者池塘里面，等到了农历四月初八这天，人们便要把深埋的龙船挖出来。挖龙船民间又称"起龙船"，它还有一些传统仪式：众人在村里德高望重的老人带领下，抬着祭品，打着龙船鼓，一路浩浩荡荡地来到藏龙船之地；等在岸上祭拜完之后，一众青壮男人才可下水起龙船；龙船出水后要及时将其清洗干净，如有损毁，就用桐油灰等进行修补，再配上缆绳等配件，最后再用桐油或猪油将龙船从头到尾涂抹上一两次，以防止龙船暴露在水面以上的部分木质干裂。起龙船仪式结束后，健儿们就开始投入到紧张的划船训练中，以便为端午节

| 存放在河涌里的龙船 |

｜辽太祖耶律阿保机骑射雕塑｜

的龙舟竞渡作准备。用于比赛的龙船有的盛装彩饰，很漂亮，也有的只是身形狭长适合参赛的木船，连龙头龙尾都没有，这样的龙船只要在船头船尾插上旗帜，等进入赛程后，其营造的气势照样精彩、紧张，热闹非常。对于这样一场声势浩大的比拼，人们不光看重输赢的结果，更看重赛龙舟驱邪祟的传统民俗愿景。

二、射柳等习俗

北方一些少数民族地区远离水域，很少有端午赛龙舟习俗，取而代之的是射柳习俗。据说，这一习俗早在辽代时便已出现，一直延续到清末，主要流行于北方善于狩猎的少数民族。射柳竞技一般在端午节的清晨进行。届时，先将柳树干的中上部削去一段青皮，露出里

| 打马球 |

| 斗草 |

面的白色作为靶心，参赛者依次在策马奔驰中搭弓射击靶心，要以射断了柳干，又能迅即驰马接住断柳在手者为优胜。《金史·礼志》载："金因辽俗，重五日插柳去地约数寸，削其皮而白之。先以一人驰马前导，后驰马以无羽横簇箭射之。既断柳，又以手接而弛去者为上。断而不能接去者次之。每射必发鼓以助其气。"到了明代，有把鸟雀贮于葫芦中射之的习俗。这种习俗是狩猎民族独特的节日文化。

除此之外，古代人还有端午打马球的习俗——人骑在马上，持棍击球，又称"击鞠"，这一习俗直到清代中期才渐渐消失。

另外，民间还有儿童热

衷的斗草习俗。首先，斗草双方要折来有韧劲儿的草，然后与对方的草拉成十字，谁的草先断了就算输。然后双方再战，乐此不疲。

三、其他习俗

端午节是我国重要的传统节日，节俗内容丰富，前面只是从几个方面分门别类地对部分节俗作了介绍，这里再综合于一处补充一些。

（一）采药习俗

很多地方都有端午节采草药的习俗，除了艾草、菖蒲外，民间识得中草药的人士还会在此日上山采百草，他们认为这一天采来的草药药效最好。西南部分山区不仅在端午节采药，还有儿童满山采野果吃以强身健体的习俗。北方有些地区，习惯于在端午采嫩树叶、野菜叶蒸晾，做成茶叶。广东潮州

| 人们在郊外山野采草药 |

一带，人们去郊外山野采回草药，熬成凉茶喝。而浙江丽水等地则有喝端午茶的习俗，人们主要是用一些具有清凉祛毒的草来泡制。

当然，除了采来的草药可以强身健体之外，上山采药这一行动本身也是很好的锻炼，民间也将之称为"游百病"，即通过端午的一番游走，走掉疾病，走出健康。当然，采药习俗不单单局限于植物，动物也在采集当中，比如，前面就曾提到很多地方有端午节捉癞蛤蟆做药的习俗。

黑龙江五大连池地区端午节有"药泉会"，后改称"圣水节"。世居这里的几个少数民族的人们，每逢农历五月初五便开始云集药泉山下，他们每天先饮药泉水，再登药泉山，下山时再捡块石头抛向远处，意味着将疾病抛得远远的。这种活动会陆陆续续持续一个月左右。

（二）躲端午习俗

一些地方还有躲端午习俗，主要指出嫁不久的女儿回娘家"躲端午"，简称"躲午"，意在借助娘家的庇护躲去端午的诸种邪祟。所以有些地区也有将端午节称为"女儿节"的。

在天津，到了农历五月初一这天，主妇们会带着孩子到河边"躲午"，并把佩戴的布人等物投到水中，意为扔掉灾祟。北京地区还有端午游天坛习俗。《帝京景物略》卷二载："五月五日之午前，群入天坛，曰避毒也。"天坛本是皇家祭天地的圣地，植被茂密，暑日里

要比周遭多几许清凉，端午日能够进此处避毒，自然是京城人的福利，也是有意思的端午习俗之一。

（三）清账习俗

传统节日作为时间长河中的特殊节点，体现了自然时序的更替变化，同时，也是社会秩序中的特殊节点。春节、中秋和端午这三大节日还有一个共同的节点标志，即清账日。每到年底，我们会听老人念叨：又到年关了。也就是说，过年是过一道关。这除了指自然时序的更替外，还指劳务关系、账务关系的结束。

北方一些地区有做"腊八蒜"的习俗。人们在腊月初八就做上腊八蒜，过二十天左右就可以食用了。这种腊八蒜到大年三十配饺子吃

| 腊八粥 |

最好。民间有句俗语：“腊八粥、腊八蒜，放账的送信儿，欠债的还钱。”说的就是到了吃腊八粥、腊八蒜的日子，离年关也没几天了，放账的和欠债的都要积极想办法，为在年关前结清账务而努力，所以债主逼债、欠债的躲债的情况也时有发生。依俗，债务追讨截至除夕这一关口，以保证有钱没钱都可以安心在家过年。我们要是看过《白毛女》的话，应该记得，佃户杨白劳出外躲债，他熟悉俗规，于除夕回家过年，没想到财主黄世仁却不讲规矩，于大年夜上门逼债。很显然，符合多数人“人之常情”的俗规被冒犯了，这更加重了黄世仁的恶。位列不同时序的除夕、端午和中秋将一年十二个月分成清理账务的三个阶段，时间节点也是终止于端午日和中秋日，节日当天不可催讨。鲁迅在《孔乙己》中对这种习俗也有所描述：“到了年关，掌柜取下粉板说，‘孔乙己还欠十九个钱呢！’到第二年的端午，又说‘孔乙己还欠十九个钱呢！’到中秋可是没有说……”这三个依惯例该还钱的节点，孔乙己都没有还钱。清代李静山在《节令门·端阳》中也有描述讨债的诗句：

樱桃桑葚与菖蒲，
更买雄黄酒一壶。

门外高悬黄纸帖，

却疑账主怕灵符。

诗中讲的是主人在端午节买来樱桃、桑葚、菖蒲和雄黄酒等物，并且在家门口贴上了能够避邪的"黄纸帖"，这既有信仰方面的避邪保障，又有节日当天不得讨债的约定俗成的保障，按理说，应该可以安心过节了，但是主人还是担心债主会找上门来。本诗直观地袒露出穷人过节时的忐忑和窘迫。

如今，人们更多地讲究白纸黑字的契约关系，越来越不再以自然时序为期，端午节和中秋节的账务清算标志渐趋模糊，只有春节还依稀有不欠"隔年账"的民间遗存。

（四）一些禁忌

因农历五月、五月初五是毒月、毒日子，前面介绍的诸多做法，主要是为驱除毒祟，是借助积极的行动以达到心理预期，可以将之概括为"有所为"；另一方面，人们还通过"无所为"避开邪祟，并因此形成了许多禁忌习俗，比如五月不建房、不婚娶、不拆洗棉衣棉被等禁忌，还有五月初五不理发等习俗。

当然，随着民间信仰观念的逐步松弛，很多禁忌也都被化解了。如今，端午节成为法定节假日，平时忙于上班上学的中青年人，一旦得闲，便又投入到各种消遣的忙碌中。近几年，利用端午节假日举行婚礼的也不在少数。这其中大致有两种情况：一、他们大概不知端午曾经被认定为"恶"日子；二、可能知道端午被"恶"过，但翻过"老黄历"，主张新事新办。由此又牵涉到近期有人提出端午节不要祝贺"节日快乐"的倡议。端午日历史上曾是恶日子，人们要采取种种办法除恶，虽说任务艰巨，但这碍得了谁"快乐"呢！其实，弄清楚节俗的来龙去脉很重要，尊重不同时期民众自身的选择同样重要，有传承有创新的习俗才行得久、走得稳。

端午节的习俗可谓五花八门，不同地域民族、不同时期都会有不同表现，有些曾经盛行的习俗，后来衰微或变异，并有新的节日元素出现。就个体而言，每一个人的节日体验更是"独一份"的心得；融汇到家庭中，就是一家人的亲情共享；范围再逐步扩大，民族凝聚力因之而成。

图书在版编目（CIP）数据

端午节 / 杨秀编著. -- 哈尔滨 ：黑龙江少年儿童出版社，2017.12（2021.8重印）
（记住乡愁 ：留给孩子们的中国民俗文化 / 刘魁立主编）
ISBN 978-7-5319-5607-5

Ⅰ. ①端… Ⅱ. ①杨… Ⅲ. ①端午节－风俗习惯－中国－青少年读物 Ⅳ. ①K892.18-49

中国版本图书馆CIP数据核字(2017)第328119号

记住乡愁——留给孩子们的中国民俗文化　　　　刘魁立◎主编

端午节 DUANWUJIE　　　　杨　秀◎编著

出 版 人：商　亮
项目策划：张立新　刘伟波
项目统筹：华　汉
责任编辑：郜　琦　王冬冬
整体设计：文思天纵
责任印制：李　妍　王　刚
出版发行：黑龙江少年儿童出版社
　　　　　（黑龙江省哈尔滨市南岗区宜庆小区8号楼 150090）
网　　址：www.lsbook.com.cn
经　　销：全国新华书店
印　　装：北京一鑫印务有限责任公司
开　　本：787 mm×1092 mm　1/16
印　　张：5
字　　数：50千
书　　号：ISBN 978-7-5319-5607-5
版　　次：2017年12月第1版
印　　次：2021年8月第4次印刷
定　　价：35.00元